RUSLAN RUSSIAN 2 SUPPLEMENTARY READER

Reading passages, texts, exercises, activities, translations, poems and a song for learners, to accompany the Ruslan Russian 2 course.
John Langran

Ruslan Limited
www.ruslan.co.uk

Introduction

This reader is supplementary material for learners using Ruslan Russian 2 or any other intermediate Russian course (Council of Europe A2 level). The texts tell the story of Igor, Lyudmila's former husband, travelling in Samara and Tomsk, and there is a wide range of background information texts and other material. The book will serve as a link between Ruslan 2 and Ruslan 3, giving additional vocabulary and language practice.

Stress marks have been inserted in some of the texts, but not in all of them. By this stage learners should be getting used to reading without the help of stress marks. There is a dictionary at the back of the book, but learners will probably also need their own separate dictionary.

The accompanying audio CD contains recordings of the texts, poems and song.

Acknowledgements:

Thanks to Ewa Davis, Theo Fautley, Alina Khametova, Sergey Kozlov, Natalya Samoilova and Yulia Zarubinska who have all contributed in various ways. Photos are mainly by myself. Thanks to Samara City Council, Stepan Kadashnikov, Mikhail Kukushkin, Sally Kopp, Jadzia Terlezcka and Wikipedia for additional photos. Voice recordings are by Nadezhda Bragina, Larisa Chandler-Smith, Alexander Galkin, Sergey Kozlov and Alexandra Menshikova.
John Langran, April 2013

Ruslan Russian 2 Reader   ISBN 978-1-899785-90-2
Compiled by John Langran
Edited by Alexandra Menshikova and Tanya Scanlan

Copyright notice
No part of this book may be copied, stored in a retrieval system, or transmitted in any form or by any means, without the written permission of the copyright owner. Ruslan Limited does not subscribe to the Publishers Licensing Agreement.

Errata
Any errors or amendments will be listed on the Ruslan website at: www.ruslan.co.uk/errata.htm

Other Ruslan Russian 2 materials:
ISBN 978-1-899785-48-3   Ruslan 2 Course Book. Council of Europe A2.
ISBN 978-1-899785-52-3   Ruslan 2 Course Book with audio CD.
ISBN 978-1-899785-23-0   Ruslan 2 Student Workbook with audio CD.
ISBN 978-1-899785-10-0   Ruslan 2 CD-ROM. Interactive version for 32 bit Windows.

Ruslan Russian 1 - a first level course for beginners. Council of Europe A1.
Ruslan Russian 3 - advanced. Council of Europe B1 and B2 (UK AS and A levels)
The Ruslan Russian Grammar brings together the grammar from all three levels of the Ruslan Russian course.

Ruslan Limited - www.ruslan.co.uk

СОДЕРЖАНИЕ	CONTENTS

Урок 1
Игорь приезжает в Самару ... 4
Стихотворение о Самаре ... 5
Самара. Наш любимый город ... 6
Гомофобия в России ... 7

Урок 2
У Семёна ... 8
Найдите города ... 9
Почта в России ... 10
Стихотворение о почте ... 11
Интернет-словарь ... 11

Урок 3
Вопрос о машине ... 12
Саратов ... 13
Машины «Жигули» ... 14
Стихотворения о машинах ... 15
Песня «Как много пробок на дороге!» ... 15

Урок 4
«Волгогруз» ... 16
Сотовая связь в России ... 18
Стихотворение «Московское метро» ... 18
Киевляне будут читать стихи ... 19

Урок 5
Ты ипохондрик! ... 20
Людмила Аборкина – врач-педиатр ... 22
Поставьте диагноз! ... 23

Урок 6
Игорь готовится к поездке ... 24
ГУМ и ЦУМ ... 26
Размеры одежды и обуви ... 27

Урок 7
Дорога в Томск ... 28
Русская дача ... 30
Фотографии русской дачи ... 31

Урок 8
У Игоря украли сумку ... 32
Гостиницы «Октябрьская» и «Империал» в Томске ... 34
А где пробка? ... 35

Урок 9
Игорь и полицейский ... 36
Булат Юнусов – инспектор ГИБДД ... 38
Здравствуйте, господин офицер! ... 39

Урок 10
Новая работа ... 40
Роза Насырова – тележурналист ... 42
Политический журналист в России ... 43
Банки в Российской Федерации ... 43

Русско-английский словарь ... 44

Key to the exercises   www.ruslan.co.uk/ruslan2.htm

| ЧИТАЙТЕ И ПИШИТЕ! | УРОК 1 |

Игорь приезжает в Самару

Было уже поздно, когда Игорь Абрамович приехал в Самару. Он устал: почти двадцать часов сидел в поезде из Москвы. От вокзала он доехал до дома Семёна на трамвае. Семён жил недалеко: всего три остановки от вокзала.

Семён – это двоюродный брат Игоря, сын его дяди Пети. Он живёт один в новой квартире с видом на Волгу. В детстве Семён чувствовал, что он не такой, как все. Он не играл, как другие мальчики, на школьном дворе, но часто сидел один и думал и предпочитал читать, рисовать или писать стихи.

Семён всегда учился хорошо и сдал все школьные экзамены на пять. После школы он поступил в Самарский университет на факультет архитектуры. Там он тоже сдал всё, кроме английского языка, на пять, получил диплом и стал работать архитектором в строительной фирме недалеко от центра города.

Семён не женился. Девушки его никогда не интересовали. Почему – он не знал, а Игорь не спрашивал. Игорь считал, что личная жизнь Семёна – это его личное дело.

Семён был очень рад, что Игорь приехал. На кухне уже варился рыбный суп, и на столе стояли две бутылки кока-колы.

Они сидели до полуночи, вспоминали о детстве и о том времени, которое они провели вместе. Игорь рассказывал про Руслана и Людмилу, и про свою работу. Ровно в полночь они легли спать: Семён у себя в спальне, а Игорь – на диване в гостиной.

СЛОВАРЬ

уставать / устать	to be tired
(Он устал can mean "He is tired" or, as here, "He was tired".)	
двоюродный брат	cousin (m.)
детство	childhood
двор	yard
предпочитать / предпочесть	to prefer
на пять	with five (top marks)
он стал работать	he started work
строительная фирма	building firm
личный	personal
вариться	to be cooking
рыбный	fish (adj.)
полночь (f.)	midnight
до полуночи	until midnight
вспоминать / вспомнить	to remember
про	about
ровно	exactly
ложиться / лечь спать	to go to bed
(past perfective: он лёг, она легла, они легли)	

Игорь Абрамович
Абрамович is the patronymic name or отчество - "son of Абрам". Note the difference in stress from the family name or фамилия - «Абрамович».

"About" in Russian
о and про both mean "about".
о is followed by the prepositional.
про is followed by the accusative and is more colloquial.

Вопросы к тексту
а. Сколько времени ехал Игорь из Москвы в Самару?
б. У Семёна есть жена и дети?
в. Семён сдал все школьные и университетские экзамены на пять?
г. Кто Семён по профессии?
д. Игорь и Семён знали друг друга в детстве?
е. Игорь и Семён легли спать рано?

Составьте и разыграйте диалог
Игорь и Семён разговаривают после ужина.

Стихотворение
– Поспали ночь и вот Самара!
Сказала Игорю Тамара ...
Она соседка по купе,
Подсела к Игорю в Москве.

«Крылья Советов» – клуб в Самаре, ③
На Волге все гордятся им ...
Играет Игорь на гитаре
Известный всем футбольный гимн! *

С.М. Козлов. 2011.
* речь идёт о футбольном гимне Матвея Блантера, который знают все российские болельщики.

Самара. На стадионе «Металлург»

Переведите на русский язык!
1. Samara is a beautiful town. It is 425 years old.
2. Igor likes the new flat. It is near the station.
3. Semyon was not born in Samara but he lived there in his childhood.
4. Semyon does not play sport. He reads a lot.
5. He is a well known architect and he plays the balalaika.
6. Igor was glad to meet Semyon but he was tired after the journey.
7. They ate soup and sat in the kitchen for three hours.
8. They talked about friends and about work.
9. Igor did not pass all his school exams with top marks.
10. Matvey Blanter wrote the well-known Russian football hymn.

Translation hints:
4. "To play sport". Use заниматься спортом.
9. "his" should be left out. We know the exams were his!

ИНФОРМАЦИЯ УРОК 1

Самара

Самара – крупный город, расположенный на левом берегу реки Волга к юго-востоку от Москвы. Это административный центр Самарской области, важный экономический, транспортный и научный центр страны.

В советское время с 1935-го по 1991-й год город носил имя Куйбышев, в честь советского государственного и партийного деятеля В.В. Куйбышева.

Население города 1,165 млн. человек.

Сама́ра. Вид на Во́лгу

Сама́ра. Но́вые кварти́ры

Наш любимый город

В нашем городе живут гостеприимные и талантливые люди. Они выпускают сложную научную продукцию, производят шоколад и пиво, создают лазерные и нанотехнологии, строят прекрасные дома, делают уникальные операции, учат и воспитывают детей. Самара исторически сложилась как перекрёсток многих культур, цивилизаций и политических движений. Мы открыты для сотрудничества и рады новым друзьям и деловым партнёрам.

Приглашаю вас в Самару!

Пи́шет Глава́ Сама́ры 2010 - Д.И. Аза́ров

Как по-русски? - Find these words and phrases in the texts.
Situated on the left bank.
Party activist.
Hospitable people.
They produce chocolate and beer
Nanotechnologies.
A crossroads of many cultures.
New business partners.

Упражнение
Узнайте 10 важных фактов о Самаре.

Гомофобия в России - пишет Наталья Самойлова

До 1993-го года в СССР гомосексуализм был преступлением, а до 1999-го года – психиатрическим диагнозом.

Сегодня отношение к гомосексуальности в России начало меняться. * Тем не менее, гомосексуальный брак или гражданский союз не возможны. Признание гомосексуальной ориентации может испортить карьеру. Закон запрещает многие гей-акции, а в обществе до сих пор существует отрицательное отношение к гомосексуалитам.

Главными противниками гомосексуальности являются скинхеды (или бритоголовые), которые появились в России в начале 90-х годов. У них своя субкультура: своя музыка, татуировки, своя мода в одежде. Существуют разные группировки, но многие российские скинхеды – расисты, антисемиты и ксенофобы. Их лозунг: «Россия для русских!».

Экстремистские группировки организуют нападения на людей другой расы или национальности, многие из которых – мигранты из Узбекистана, Таджикистана, Азербайджана, студенты, гастарбайтеры. Скинхеды также могут напасть на тех, кто проявляет негетеросексуальную ориентацию.

Многие русские скинхеды – это молодые люди младше двадцати лет. Государство борется с экстремистскими группировками, и в газетах часто появляются статьи о судебных процессах над скинхедами.

> * Note that two different words are used for "homosexuality".
> The word гомосексуализм with the ending -изм suggests an attitude.
> The ending -ость on гомосексуальность suggests instead a state of being.

Как по-русски? - **Find these words and phrases in the text.**
Homosexuality was a crime.
Attitudes to homosexuality have begun to change.
Civil union.
Homosexual orientation.
To ruin your career.
A negative attitude.
They have their own music.
Racists, antisemites and xenophobes.
Attacks on people of a different race.
Young people under twenty years old.
The state is fighting.

ЧИТАЙТЕ И ПИШИТЕ! УРОК 2

У Семёна

На следующий день после приезда в Самару, Игорь проснулся в семь тридцать и чувствовал себя гораздо лучше, чем обычно.
— Может быть, это потому, что мы вчера пили только Кока-Колу, — посмеялся Семён.

Первым делом, Игорь помылся и побрился. Потом он включил лэптоп и проверил почту. Он ждал письма о новой работе. В городе Байкальске в Сибири открылась вакансия, на которую он претендовал. Но сообщения из Байкальска не было. Он получил много спама, письмо от бывшей жены о том, как она гуляет по Москве с англичанином Питером, сообщение от сына Руслана, который в то время жил у бабушки в Софрино, и письмо от друга из Хабаровска с вопросом, не хочет ли Игорь купить его Тойоту.

Людмила писала о том, как хорошо она теперь живёт. Уже прошло два года после развода, а Игорь и Людмила были по-прежнему близкими друзьями. Руслан писал о том, как он играет в футбол с друзьями на школьном дворе.

Интернет работал медленно. Игорь подумал, что ему надо поменять провайдера и поставить новый антивирус. Он сразу ответил сыну:

Привет, сынок!
Рад получить от тебя новости! Я уже в Самаре у дяди Семёна. Как там у тебя в Софрино с Интернетом? У бабушки есть компьютер или ты пишешь с почты? Молодец, что в футбол играешь! Напиши про школу и про друзей! Коля всё ещё играет на гитаре? Как ты проводишь свободное время?
Целую!
Папа

Людмиле и хабаровскому другу Игорь решил ответить позже. Он выключил лэптоп и пошёл на кухню завтракать с Семёном.

СЛОВАРЬ

приезд	arrival	развод	divorce
просыпаться / проснуться		по-прежнему	as before
	to wake up	медленно	slowly
смеяться / по-	to laugh	провайдер	provider
первым делом	first of all	ставить / по-	to install
мыться / по-	to wash (oneself)	антивирус	antivirus software
бриться / по-	to shave	проводить / провести время	
лэптоп	laptop		to spend time
почта	post (here emails)	целовать / по-	to kiss
вакансия	vacancy	позже	later
претендовать (imp.)	to apply for		
спам	spam		
гулять / по-	to go around (having a good time)		

Вопросы к тексту
а. Как Игорь себя чувствовал утром?
б. Игорь получил сообщение о новой работе в Байкальске?
в. От кого он получил сообщение?
г. Кто хотел продать Игорю машину?
д. Интернет работал быстро?
е. Игорь был рад, что Руслан играет в футбол?
ж. Кому Игорь не написал сегодня?

Напишите имейлы!
а. Придумайте ответ, который Игорь напишет Людмиле. Он пишет о том, чем сейчас занимается и о письме от Руслана. Он также спрашивает о Питере.
б. Придумайте ответ, который Руслан написал Игорю.

Найдите города!
Москва, Самара, Санкт-Петербург, Байкальск, Хабаровск, Екатеринбург, Новосибирск, Томск.

Переведите на русский язык!
1. Sometimes Igor drinks vodka. The following day he feels bad.
2. He prefers to wash and to shave before breakfast.
3. There was no message about the new job in Siberia.
4. Every day he receives a lot of spam.
5. Igor decided to think about the Toyota. He will write to his friend in Khabarovsk later.
6. Lyudmila and Igor are good friends.
7. Now Lyudmila lives and works in Moscow. She has a lot of friends.
8. Igor often writes to his son Ruslan who lives at his grandmother's in Sofrino.
9. When will Igor write to Lyudmila?
10. In Samara the Internet usually works well.

Translation hint:
1. "The following day". Use на with the accusative. "On the following day"..

ИНФОРМАЦИЯ	УРОК 2

Почта в России

8 Почта в России существует с 13-го века. Тогда эту работу выполняли ямщики, которые занимались доставкой писем, а также перевозкой людей. Ямщики ездили на тройках с колокольчиками, и тройка стала символом России.

В 18-ом веке в европейской части России начала работать регулярная почтовая связь.

Памятник почтовой тройке в городе Ленске

Россия – первая страна, которая стала использовать поезда для почты. В 1857-ом году в Санкт-Петербурге была введена в обращение первая российская почтовая марка.

Первая российская почтовая марка

«Привет из Харькова!»
Почтальон в 18-ом веке

Сегодня Почта России состоит из более чем сорока тысяч отделений почтовой связи. Работники почты принимают и доставляют более одного миллиарда писем, более двенадцати миллионов посылок и более сорока миллионов денежных переводов в год.

Основные почтовые услуги – это приём, перевозка и доставка писем. На почте также можно получить или послать деньги, получить пенсию, послать телеграмму, проверить электронную почту, сделать фотокопию, подписаться на газеты и журналы и даже заказать подарок от Деда Мороза!

День российской почты - это второе воскресенье июля!

Как по-русски? Find these words and phrases in the text.
Change endings if necessary.
It exists since the 13th century.
Coachmen.
The delivery of letters.
The transportation of people.
They drove on troikas with bells.
A symbol of Russia.
The European part of Russia.
To use trains for the post.
The first postage stamp.
Forty thousand departments.
They deliver.
A billion letters a year.
A money transfer.
Postal services.
To check your email.
A photocopy.
To subscribe.
A present from Father Frost.

Говори́те!
Чем росси́йская по́чта отлича́ется от по́чты в ва́шей стране́?

Стихотворе́ние
Я посыла́ю вам приве́т,
Испо́льзуя свой Интерне́т,
И с нетерпе́нием жду отве́та,
Как солове́й всегда́ ждёт ле́та.

Вчера́ посла́л я телегра́мму,
И с пра́здником поздра́вил ма́му.
Она́ живёт так далеко́
И ра́да получи́ть письмо́!
С.М. Козло́в, 2012

испо́льзуя	-	using
свой	-	one's own (here "my")
нетерпе́ние	-	impatience
солове́й	-	a nightingale
ле́то	-	summer
поздра́вить	-	to congratulate

Интернет-слова́рь. Что есть что?

ноутбу́к	мегаби́т	паро́ль (m.)	логи́н
лапто́п	доме́н	бра́узер	диспле́й
име́йл	блог	Гугл	се́рвер
веб сайт	тра́фик	Скайп	спам
прова́йдер	сообще́ние	Фе́йсбук	хо́стинг
смартфо́н	ви́рус	Тви́ттер	ха́кер

30 сентября́ в Росси́и отмеча́ется День Интерне́та!

ЧИТАЙТЕ И ПИШИТЕ!   УРОК 3

Вопрос о машине

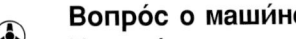

Игорь очень заинтересовался японской машиной. Наверное, если он купит машину у друга, это будет дешевле и надёжнее. Но нужно будет платить за билет до Хабаровска, а потом за бензин от Хабаровска до Москвы. И, конечно, время – это тоже деньги. Но если Игорь переедет в Байкальск, там он будет ближе к Хабаровску.

«Лучше сначала узнать о новой работе», – подумал Игорь. Но он решил завтра позвонить другу в Хабаровск и спросить, сколько он хочет за машину. Может быть, всё-таки лучше купить «Жигули»?

Сегодня он встречается с представителем грузовой компании «Волгогруз», чтобы обсудить контракт на перевозку грузов по Волге, из Самары в Москву. Игорь предпочитал посылать большие грузы по реке, когда это возможно. Во-первых, это дешевле, а во-вторых, это менее вредно для окружающей среды. Но речной транспорт медленее, чем грузовик или поезд и работает только летом.

Игорь и Семён позавтракали: кукурузные хлопья и бутерброд с ветчиной.
— Хорошая ветчина, сказал Игорь. Вкуснее, чем в Москве.
— Да, ветчина саратовская. Это немецкая фирма.
— Ладно. Я пошёл.
— Возьми зонт.
— Нет, прогноз отличный. Обещали солнце и двадцать пять градусов.

Игорь взял сумку и ключ, вышел из квартиры и пошёл на трамвайную остановку. До встречи ещё был целый час. Трамвай подошёл сразу, и Игорь быстро доехал до центра города. Он зашёл в кафе, открыл лэптоп и написал старому другу Ивану Козлову письмо о том, как Самара отличается от Москвы. В письме он также просил совета, какую машину лучше купить.

СЛОВАРЬ

интересоваться / за-	to be interested in	зонт	umbrella
надёжнее	more reliable	обещать / по-	to promise
ближе к (+ dat.)	closer to	он вышел из	he went out of *
всё-таки	all the same	он пошёл на	he went to *
представитель (m.)	representative	трамвай подошёл	the tram arrived *
грузовой	cargo (adj.)	он зашёл в	he stopped off at *
перевозка	transportation	он доехал до	he got to (transport) *
груз	cargo	отличаться от (+ gen.)	to differ from
окружающая среда	the environment	совет	advice
грузовик	a lorry		
кукурузные хлопья	cornflakes	* There is an explanation of verbs	
ветчина	ham	of motion in Ruslan 2 Lesson 7.	
саратовский	from Saratov		

Вопро́сы к те́ксту
а. Почему́ И́горь хоте́л купи́ть маши́ну у дру́га?
б. И́горь знал це́ну япо́нской маши́ны?
в. Почему́ лу́чше посыла́ть гру́зы по реке́?
г. Как мо́жно посыла́ть гру́зы зимо́й?
д. И́горю понра́вилась ветчина́?
е. Где де́лают э́ту ветчину́?
ж. И́горь взял с собо́й зонт? Почему́?
з. Что он де́лал в кафе́?

Напиши́те име́йл
Приду́майте и напиши́те письмо́ И́горя Ива́ну.

Сара́тов
Большо́й го́род на Во́лге, на ю́ге от Сама́ры. В Сара́товской о́бласти и в Пово́лжье прожива́ет дово́льно мно́го люде́й неме́цкого происхожде́ния. Сара́тов изве́стен свои́м ры́нком, свои́ми мясны́ми проду́ктами и свои́м пи́вом.

Кры́тый ры́нок в Сара́тове

Переведи́те на ру́сский язы́к!
1. It is cheaper to buy a car from a friend.
2. A ticket to Khabarovsk is expensive.
3. River transport is cheaper, but slower.
4. A lorry is faster, but more expensive.
5. It is possible to send goods by river in summer but not in winter.
6. Igor likes German ham.
7. They have promised rain. I will buy an umbrella.
8. A laptop is smaller than a computer. You can carry it in your bag.
9. Samara and Toliatti are on the Volga, but Saratov is not.
10. Samara is smaller than Moscow but larger than Saratov.

Translation hints:
1. "From a friend". Use у with the genitive.
3. 4. 5. 9. 10. You have to decide whether to use но or а for "but".
5. 9. Use a dash "–" in these sentences.

ИНФОРМАЦИЯ УРОК 3

Машины «Жигули»

 12 Машины «Жигули» производятся на крупном заводе АВТОВАЗе (Волжском Автомобильном Заводе) в городе Тольятти на Волге недалеко от Самары.

Автозавод начали строить в 1967-ом году с помощью итальянского автомобильного концерна «Фиат». Первые машины были готовы в апреле 1970-го года. Это были ВАЗ-2101 «Жигули», очень похожие на итальянскую модель «ФИАТ-124». Говорят, что директор завода назвал новую машину «Лада» в честь своей дочери.

Первые «Жигули» были «Самара», «Ока» и «Нива». Современные машины – это семейство «Калина» (седан, универсал и хэтчбек), а также седан «Гранта».

В 2007-ом году началась программа модернизации завода с помощью французской компании «Рено». Однако во время финансового кризиса 2008-2009-го годов АВТОВАЗ сильно пострадал. В 2009-ом году завод получил государственные субсидии на сумму 89 миллиардов рублей. Благодаря этой помощи и новому контракту с «Рено», директор завода объявил о прибыли в 24 миллиона рублей для первой половины 2010-го года.

Сегодя на заводе АВТОВАЗ производятся и отечественные машины «ВАЗ», и иномарки – французские «РЕНО».

На заво́де

Моде́ль «Сама́ра»

Как по-русски? Find these words and phrases in the text. Change endings if necessary.

Cars are manufactured.
With help.
Very similar to.
People say.
In honour of his daughter.
A saloon car.
An estate car.
A hatchback.
Avtovaz suffered badly.
State subsidies.
A billion roubles.
Thanks to this help.
A profit.
The first half.
Foreign cars.

Вопросы к тексту
а. В каком городе производятся машины «Жигули»?
б. В каком году начали строить АВТОВАЗ?
в. На какую модель были похожи первые «Жигули»?
г. Кто такая Лада?
д. Кто помогал АВТОВАЗу с программой модернизации?
ж. Какие машины производятся на заводе сегодня?

Стихотворение 13
Есть Тольятти под Самарой,
Жигулями славится.
Приезжайте посмотреть!
Город вам понравится.
С.М. Козлов. 2011

славиться   -   to be famous for

Стихотворение 14
Человеку, чтобы жить,
Надо есть и надо пить.
Пища есть и для машин,
Называется бензин.
(www.vospitatel.com.ua)

пища   -   food

Пробка в городе

Пробка за городом

Песня на мотив «Как много девушек хороших!» 15
Как много пробок на дороге,
Как много в городе машин!
Все вдруг водителями стали,
Тратят деньги на бензин.

Как мало в городе парковок,
И парковаться нелегко!
Оставлю дома я машину,
Буду ездить на метро!

Люди, оставьте вы машины дома!
Люди, как хорошо пешком ходить!
Люди, не нужно думать о парковке –
Пешком ходите, чтоб за парковку не платить!
Слова - Александра Меньшикова.
Исполнение - Надежда Брагина и Александр Галкин.

Словарь
пробка	-	traffic jam
тратить	-	to spend (waste)
парковка	-	parking space
парковаться	-	to park a car
оставить (perf.)	-	to leave

ЧИТАЙТЕ И ПИШИТЕ! УРОК 4

«Волгогру́з»

Без десяти́ оди́ннадцать И́горь уже́ сиде́л в кабине́те Михаи́ла Юрьевича Глазуно́ва – дире́ктора грузово́й компа́нии «Волгогру́з». Они́ договори́лись, что подпи́шут контра́кт на оди́н год. Фи́рма И́горя бу́дет посыла́ть гру́зы по реке́ с апре́ля по октя́брь сле́дующего го́да. Опла́та бу́дет зави́сеть от объёма и ве́са гру́зов, но бу́дет не ме́ньше восьми́десяти ты́сяч рубле́й в ме́сяц. И́горь запла́тит за пе́рвые два ме́сяца вперёд. Они́ встре́тятся ещё раз сле́дующим ле́том, чтобы́ договори́ться о том, как организова́ть доста́вку гру́зов зимо́й.

Бесе́да зако́нчилась в че́тверть пе́рвого, и И́горь был свобо́ден. Он вошёл в метро́, купи́л жето́н и дое́хал до ста́нции «Росси́йская». Отту́да он пошёл пешко́м на Во́лжскую на́бережную, в кио́ске купи́л два пирога́ с капу́стой, сел на скаме́йку и до́лго любова́лся ви́дом на Во́лгу.

С моби́льного он позвони́л дру́гу в Хаба́ровск, но отве́та не́ было. Он реши́л посла́ть СМС: "Возмо́жно куплю́ «япо́нца». Когда́ смо́жешь поговори́ть?"

Он та́кже позвони́л бы́вшей жене́ Людми́ле. Отве́тил автоотве́тчик: «Я не могу́ сейча́с отве́тить на ваш звоно́к. Оста́вьте, пожа́луйста, сообще́ние по́сле сигна́ла». И́горь сказа́л "Приве́т", спроси́л о здоро́вье и дела́х, а пото́м объясни́л, что в четве́рг пое́дет в Томск и отту́да ещё раз позвони́т.

Пото́м он позвони́л Семёну на рабо́ту и договори́лся встре́титься с ним без двадцати́ шесть о́коло кита́йского рестора́на, там же поу́жинать и ве́чером пойти́ на конце́рт совреме́нного джа́за в кафе́ на у́лице Достое́вского.

СЛОВАРЬ

подпи́сывать / подписа́ть	to sign
по октя́брь	until October *
объём	volume
вес	weight
заплати́ть вперёд	to pay in advance
доста́вка	delivery
бесе́да	conversation, meeting
жето́н	a token
капу́ста	cabbage
любова́ться / по-	to admire
моби́льный	mobile phone
СМС	text message
возмо́жно	it is possible
япо́нец	Japanese (here a car)
звоно́к	phone call
сигна́л	signal, tone

* You have already met по with the dative, meaning "along". по can also be used with the accusative to mean "until" (up to the end of a period of time).

Вопро́сы к те́ксту
а. Как зову́т дире́ктора фи́рмы «Волгогру́з»?
б. Каку́ю су́мму И́горь до́лжен заплати́ть вперёд?
в. Михаи́л Ю́рьевич пригласи́л И́горя пообе́дать в рестора́не?
г. Где обе́дал И́горь?
д. Почему́ он посла́л СМС дру́гу?
е. И́горь поговори́л с Людми́лой?
ж. Где И́горь и Семён реши́ли поу́жинать?
з. Как они́ проведу́т ве́чер по́сле рестора́на?

Напиши́те сообще́ние
Напиши́те сообще́ние, кото́рое И́горь оста́вил у Людми́лы на автоотве́тчике.

Соста́вьте и разыгра́йте диало́г
И́горь звони́т Семёну по телефо́ну и они́ говоря́т о том, что они́ бу́дут де́лать ве́чером.

Река́ Во́лга

Переведи́те на ру́сский язы́к!
1. Igor and the director of the freight company met in the director's office .
2. They signed a contract about the transportation of goods along the Volga.
3. In the summer they will meet again to discuss a contract for the winter.
4. At a quarter to one Igor decided to sit in the sun and to telephone about the car.
5. Igor did not speak to Lyudmila. Perhaps she was in a Japanese restaurant in Moscow with Ivan or with Peter.
6. Igor left a message on Lyudmila's answerphone.
7. He said that he would ring again from Tomsk.
8. At twenty to six Igor met Semyon and they had their evening meal in a Chinese restaurant.
9. After the restaurant they listened to some contemporary jazz in a cafe.
10. Is it true that Dostoyevsky lived in Samara?

Translation hints:
3. "(in order) to discuss". Use чтобы with the infinitive.
4. 8. "at a quarter to one". Don't put в before без.
7. In reported speech use the tense that the speaker actually used.
8. "they had their evening meal ". Find a verb for this. One word!

ИНФОРМАЦИЯ   УРОК 4

Сотовая связь в России

В России сотовая связь появилась в 1990-ом году. Руководитель Клуба региональной журналистики Ирина Ясина вспоминает: «Первый мобильный телефон стоил пять тысяч долларов. Его, как чемодан, надо было за собой носить. Это было смешно.»

Качество мобильной связи значительно лучше в европейской части Российской Федерации, чем, например, в Сибири. Несмотря на это, в большинстве районных и региональных центров покрытие хорошее, особенно вдоль главных автодорог.

Таким образом, вы можете пользоваться вашим мобильным телефоном если вы путешествуете по России на машине по главным автодорогам. В поезде ваш телефон может не работать, но Российская железная дорога в 2012-ом году заключила контракт с компанией «Мегафон», чтобы в будущем улучшить покрытие для пассажиров.
(Пишет Юлия Зарубинска. Апрель 2012)

Как по-русски?
Find these words and phrases in the text. Change endings if necessary.

Communications.	Major roads.
One had to carry it.	You can use.
It was funny.	To travel around Russia.
The quality.	On a train.
The European part.	To sign a contract.
Regional centres.	In the future.
Coverage.	To improve.

Говори́те!
Чем со́товая связь в Росси́и отлича́ется от со́товой свя́зи в ва́шей стране́?

Стихотворение «Московское метро»

Люблю я ездить на метро,
Всегда там чисто и тепло,
Да и недорого совсем;
Метро советую я всем.

На станции «Царицыно»
красивый есть музей.
Мы ждём вас.
Приезжайте!
Вас встретим как друзей!
С.М. Козлов. 2011

Серге́й Козло́в на террито́рии музе́я «Цари́цыно»

Киевляне будут читать стихи

Теперь ежедневно до восьмого октября по дороге на работу и с работы киевляне будут читать стихи. Сегодня в Киеве стартовал международный проект «Стихи в метро», главная цель которого — популяризировать современную поэзию в городском пространстве.

Это акция Евросоюза, которая проводится при поддержке Польского института в Киеве. Как говорят организаторы, цель проекта — экспозиция стихов в столичной подземке. Проект включает тридцать стихотворений польских поэтов.

Кроме того, стихами украсят стены стадиона «Динамо», одну из аллей Мариинского парка, аллею между Красным корпусом университета имени Шевченко и Ботаническим садом. Кстати, кроме Киева подобные акции проводят ещё в восьми городах мира.
(Газета «Сегондя» 27.09.2011)

Find these words and phrases in the text. Change endings if necessary.
Citizens of Kiev.
On the way to work.
An international project.
A measure of the European Union.
With the support of.
The organisers.
The aim of the project.
Polish poets.
An avenue.
Apart from Kiev.

Вопро́сы к те́ксту
а. Кто написа́л э́ти стихи́?
б. Стихи́ бу́дут то́лько в метро́?
в. Акция прово́дится то́лько в Ки́еве?
г. Ду́маете ли Вы, что иде́я хоро́шая?
д. Почему́ Вы так ду́маете?

ЧИТАЙТЕ И ПИШИТЕ!   УРОК 5

Ты ипохо́ндрик!

На сле́дующий день И́горь просну́лся ра́но. У него́ си́льно боле́ли голова́ и ше́я. И́горь неда́вно чита́л статью́ о пти́чьем гри́ппе и боя́лся, что зарази́лся в по́езде из Москвы́.

Семён засмея́лся:
— Ты ипохо́ндрик! У меня́ то́же боли́т голова́, но я ду́маю, что э́то мигре́нь.

У Семёна быва́ли мигре́ни, и когда́ э́то случа́лось, ему́ невозмо́жно бы́ло рабо́тать. Он не мог терпе́ть ни шум, ни я́ркий свет, и ему́ приходи́лось це́лый день сиде́ть до́ма в тишине́ и поко́е. Дире́ктор архитекту́рной фи́рмы, где Семён рабо́тал, не понима́л э́ту пробле́му, и Семён до́лжен был ка́ждый раз проси́ть у врача́ больни́чный лист.

И́горь вы́пил аспири́н от головно́й бо́ли, но Семён отказа́лся от лека́рств. Он сказа́л, что табле́тки не помога́ют.

И́горь реши́л погуля́ть в па́рке, пото́м посиде́л в тени́ и почита́л газе́ту. На обра́тном пути́ он зашёл в поликли́нику. Семён был знако́м с администра́тором и позвони́л ей у́тром. Она́ уже́ пригото́вила ему́ больни́чный лист для рабо́ты. И́горь объясни́л, что Семён — его́ ро́дственник, взял больни́чный лист и верну́лся в кварти́ру.

СЛОВА́РЬ

ипохо́ндрик	hypochondriac	я́ркий	bright
пти́чий грипп	bird flu	свет	light
боя́ться (imp.)	to be afraid of	шум	noise
заража́ться / зарази́ться	to be infected	(ему́) приходи́лось	(he) needed to
		тишина́	quietness
смея́ться / за-	to laugh	поко́й	peace
мигре́нь (f.)	migraine	больни́чный лист	a sick note
терпе́ть / по- ни ..., ни ...	to put up with neither ..., nor ...	отка́зываться / отказа́ться	to refuse
		тень (f.)	shade

Вопро́сы к те́ксту

а. И́горь заболе́л пти́чьим гри́ппом?
б. Почему́ у Семёна боле́ла голова́?
в. Како́е лека́рство вы́пил И́горь?
г. Почему́ Семён не принима́л лека́рства?
д. Семён ходи́л на рабо́ту сего́дня?
е. И́горь посиде́л в тени́, потому́ что шёл дождь?
ж. Заче́м И́горь зашёл в поликли́нику?

Соста́вьте и разыгра́йте диало́ги

а. Семён звони́т дире́ктору и объясня́ет, что у него́ си́льная мигре́нь, и что он не мо́жет прийти́ на рабо́ту. Дире́ктор недово́лен э́тим.
си́льный   -   strong
си́льная мигре́нь -   a bad migraine

б. И́горь и администра́тор поликли́ники. И́горь объясня́ет, что он ро́дственник Семёна. У Семёна опя́ть си́льная мигре́нь, и ему́ ну́жнен больни́чный лист для рабо́ты. Администра́тор говори́т, что она́ уже́ зна́ет, потому́ что Семён ей позвони́л у́тром. Она́ даёт И́горю больни́чный лист.

в. И́горь возвраща́ется в кварти́ру, отдаёт больни́чный лист Семёну и расска́зывает ему́ о том, как он провёл день.

Моско́вская городска́я больни́ца №1

Переведи́те на ру́сский язы́к!
1. Igor was frightened that he had bird flu.
2. Aspirin usually doesn't help.
3. When Semyon has a migraine he cannot think.
4. Today he has a very bad migraine
5. Semyon has lost his appetite. He doesn't want to eat or drink.
6. Semyon needs a sick note from the doctor.
7. He must give the note to his director at work.
8. Why are you sitting in the shade?
9. Because it is hot today and I want to read the paper.
10. You can sit in the shade too, if you want to.

Translation hints:
1. In reported thought, use the tense that the person actually thought in!
5. "his" should be left out. "He doesn't want to eat or drink". Use ни ..., ни ...

ИНФОРМАЦИЯ   УРОК 5

Людмила Ивановна Аборкина – врач-педиатр

Здравствуйте, меня зовут Людмила Аборкина. Я врач-педиатр в поликлинике в Москве. Я окончила Алтайский Государственный медицинский университет в 1973-ем году, а затем переехала в Москву с мужем и со своими двумя маленькими сыновьями.

Я работаю в поликлинике уже тридцать четыре года. Двадцать лет назад я стала заведующей педиатрическим отделением. Я помогаю молодым врачам-педиатрам и передаю им свой опыт.
Я горжусь своей профессией, очень люблю детей и хочу, чтобы они были здоровы.

Мой рабочий день начинается в восемь тридцать и кончается в шесть часов вечера. Я принимаю и консультирую родителей с детьми, организую работу врачей. Мы занимаемся не только лечением, но и профилактикой различных болезней. Наши дети часто болеют респираторно-вирусными инфекциями. Большую роль в этом играет плохая экологическая обстановка крупного города.

У врачей очень много дел и обязанностей, а вот зарплата оставляет желать лучшего.

Недавно в нашей поликлинике начался капитальный ремонт, она стала более светлой, тёплой и комфортной для пациентов и персонала. В будущем я мечтаю работать с более современным диагностическим оборудованием и более современными лечебными средствами.

Здоровье нации зависит от здоровья детей. Моя любимая работа – это вклад в будущее страны.

Как по-русски? Find these words and phrases in the text.
Change endings if necessary.

A paediatrician.
Head of the paediatric department.
I pass on my experience.
I am proud of my profession.
The work of the doctors.
Treatment.

Preventative care.
The bad ecological environment.
The salary leaves something to be desired.
More up to date.
An investment in the future of the country.

Вопросы к тексту
а. Людмила – москвичка?
б. Как вы думаете, сколько ей лет?
в. Какая у неё должность?

г. Как влия́ет экологи́ческая обстано́вка го́рода на здоро́вье дете́й?
д. Людми́ла счита́ет, что её зарпла́та хоро́шая?
е. Каки́е измене́ния бы́ли в её поликли́нике в после́днее вре́мя?
ж. Почему́ здоро́вье дете́й – тако́е ва́жное де́ло?

Поста́вьте диа́гноз! Пе́рвые два приме́ра уже́ сде́ланы.

Боле́знь	Illness	
Просту́да	Cold	4,7,8
Грипп	Flu	1,2,4,7,8,10,11,12,13,21
Анги́на	Tonsilitis	
Бронхи́т	Bronchitis	
А́стма	Asthma	
Серде́чный при́ступ	Heart attack	
Аллерги́я	Allergy	
Аппендици́т	Appendicitis	
Отравле́ние	Food poisoning	
Артри́т	Arthritis	

Симпто́мы — **Symptoms**

1. высо́кая температу́ра — high temperature
2. озно́б — fever
3. головокруже́ние — dizziness, vertigo
4. головна́я боль — headache
5. боль в груди́ — chest pain
6. боль в боку́ — pain in the side
7. боль в го́рле — sore throat
8. ка́шель — cough
9. рво́та — vomiting
10. поно́с — diarrhoea
11. мы́шечная боль — muscle pain
12. боль в суста́вах — pain in the joints
13. си́льная сла́бость — acute weakness
14. бле́дность — paleness
15. покрасне́ние — redness
16. отёк — swelling
17. синя́к — bruising
18. сыпь — rash
19. зуд — itchiness
20. уду́шье — shortness of breath
21. нет аппети́та — no appetite

Зате́м повтори́те упражне́ние без англи́йского перево́да!

ЧИТАЙТЕ И ПИШИТЕ! УРОК 6

Игорь готовится к поездке

В четверг Игорь чувствовал себя гораздо лучше. Утром он попрощался с Семёном и поехал на вокзал. До поезда в Томск оставалось два часа. Игорь это знал: он проверил расписание поездов по интернету ещё позавчера, но не купил билет, потому что не знал точно, когда поедет. Он купил билет в кассе, потом оставил чемодан в камере хранения и пошёл в ЦУМ, чтобы купить летнюю одежду. Он нашёл отдел мужской одежды на втором этаже и купил голубую рубашку и лёгкие серые брюки. Потом в отделе обуви он нашёл удобные китайские кроссовки сорокового размера.

В киоске около вокзала Игорь купил любимые пироги с капустой, две банки чешского пива, автомобильный журнал и книжку с кроссвордами. Оставалось тридцать минут до поезда, и Игорь ещё раз позвонил в Хабаровск. Ответил автоответчик. Игорь оставил сообщение, что его всё ещё интересует Тойота и он хочет знать, сколько она стоит и когда её можно будет забрать.

Игорь вернулся на вокзал, пошёл в камеру хранения, отдал талон и забрал чемодан. Потом он вышел на платформу. У платформы уже стоял поезд. Игорь подошёл к девятому вагону, показал билет проводнику, вошёл в поезд и нашёл своё место.

СЛОВАРЬ

прощаться / по-	to say goodbye to	чешский	Czech
оставаться / остаться	to remain	книжка	booklet
позавчера	the day before yesterday	кроссворд	crossword
камера хранения	left luggage office	забирать / забрать	to collect
летний	summer (adj.)	он вышел	he went out *
одежда (sing.)	clothes	он подошёл к	he went up to *
он нашёл	he found	он вошёл в	he went in to *
брюки	trousers		
кроссовки	track shoes	* There is an explanation of verbs of motion in Ruslan 2 Lesson 7.	
сороковой	fortieth		

Вопросы к тексту

а. Семён проводил Игоря на вокзал?
б. Как Игорь узнал расписание поездов?
в. Почему он не купил железнодорожный билет через интернет?
г. Где он купил билет?
д. Как вы думаете, почему он оставил чемодан в камере хранения?
е. Что купил Игорь перед поездкой?
ж. Игорь поговорил с другом из Хабаровска?
з. В каком вагоне ехал Игорь?

Соста́вьте и разыгра́йте диало́ги
а. Игорь и продаве́ц биле́тов у железнодоро́жной ка́ссы.
б. Игорь и рабо́тник у ка́меры хране́ния.
в. Игорь и продаве́ц мужско́й оде́жды в ЦУМе.
г. Игорь и продаве́ц из кио́ска.

Кио́ск. Газе́ты и журна́лы.

Кио́ск. О́вощи и фру́кты.

Где здесь ка́мера хране́ния?

Вот она́!

Переведи́те на ру́сский язы́к!
1. Semyon felt better too.
2. It is possible to check the train timetable on the Internet.
3. Igor didn't buy his ticket the day before yesterday.
4. If you want to leave your case in the left luggage office it will cost about forty roubles a day.
5. In TsUM in Samara clothes are cheaper than in TsUM in Moscow.
6. Women's clothes are on the ground floor and men's clothes are on the first floor.
7. Do you like my track shoes? They are very comfortable..
8. He bought a size forty eight shirt.
9. At last your answer machine is working!
10. How much does the Japanese car cost?

Translation hints:
3. "his" should be left out. We know the ticket is his!
4. "your" should be left out.

ИНФОРМАЦИЯ УРОК 6

ГУМ

🎧 23 ГУМ – это Главный Универсальный Магазин России. Он расположен на Красной площади в Москве. Это большой трёхэтажный торговый комплекс под стеклянной крышей. Это не просто магазин, в котором можно купить практически всё, это ещё и памятник архитектуры, важная часть русской истории. Люди приходят сюда не только за покупками, а чтобы посидеть в кафе или ресторане, посетить художественную галерею. Ну а если вы потеряли ваших друзей в этом огромном магазине, то вы можете их легко найти в центре ГУМа у фонтана. Это традиционное место встречи москвичей и гостей столицы.

Главный фасад ГУМа

Фонтан в ГУМе

ЦУМ

🎧 24 ЦУМ – Центральный Универсальный Магазин – есть во многих крупных городах России. Как правило, это магазин доступных цен, который находится в центре города и пользуется популярностью среди населения. Исключением является ЦУМ в Москве. В столице это магазин для очень богатых людей.

Московский ЦУМ – крупнейший универмаг, в котором представлено более 1000 брендов модной одежды, парфюмерии и ювелирных украшений, а также гастроном, кафе, ресторан, шампань-бар «Вдова Клико». В рекламных кампаниях и других мероприятиях ЦУМа участвуют такие звёзды шоу-бизнеса и моды как Мила Йолович, Наоми Кэмпбэлл, Ролан Муре, Виктория Бекхэм и многие другие.

Московский ЦУМ в самом центре Москвы, в двух шагах от Большого театра.

Как по-русски? Find these words and phrases in the text and the photos. **Change endings if necessary**

Main universal shop.
Situated.
A three-storey shopping complex.
A glass roof.
Practically everything.
Russian history.
An art gallery.
A traditional meeting place.

Large cities.
Affordable prices.
Popularity.
An exception.
For rich people.
Fashionable clothes.
Stars of show business.
The best is in TsUM.

Вопросы к текстам

а. Что такое ГУМ?
б. Где находится ГУМ?
в. ГУМ – это только магазин?
г. Что можно делать в ГУМе?
д. Где можно встретиться в ГУМе?
е. Что такое ЦУМ?
ж. В каких городах есть ЦУМы?
з. Почему это популярный магазин?
и. Как ЦУМ в Москве отличается от ЦУМов в других городах России?
к. Кто участвует в рекламных кампаниях ЦУМа?

Размеры одежды и обуви:

Размеры одежды:		Размеры обуви:	
Англия	Россия	Англия	Россия
10	42	3	36
12	44	4	37
14	46	5	38
16	48	6	39
18	50	7	40
20	52	8	41
22	54	9	42
24	56	10	43

Говорите!
Какой у вас размер одежды?
Какой у вас размер обуви?
Какие размеры у ваших друзей или родственников?

ЧИТАЙТЕ И ПИШИТЕ!   УРОК 7

Дорога в Томск

25

От Самары до Томска 3800 километров. Поезд идёт два дня. Он отправляется в 11.30 и прибывает в Томск в 14.30 на третий день пути.

У Игоря был билет в четырёхместное купе. Первые три часа он ехал один, но где-то в Оренбургской области поезд остановился на полустанке, и вошла старушка лет семидесяти с корзинкой и тремя пакетами. Игорь помог ей внести пакеты и увидел, что там какие-то растения. Бабушка объяснила, что она едет к сыну в Омск и что у него там теплица. Она каждый год выращивает для сына помидоры, и в этом году у неё новый сорт «Розовый Гигант».
В корзинке были продукты: яйца, хлеб, колбаса, компот в банках. "Неужели в Омске нет хлеба?!", – подумал Игорь.

Игорь объяснил бабушке, что он едет в Томск, чтобы поговорить с председателем совета директоров целлюлозной компании о новой работе в Байкальске. Он также хочет встретиться со специалистами химического факультета Томского университета, а потом он поедет дальше, в Байкальск.

Бабушка сказала, что целлюлоза – это, наверно, важное дело. Она угостила Игоря солёными грибами, а потом заснула. Игорь попробовал позвонить в Хабаровск ещё раз, но не было сигнала.

В Оренбурге вошла молодая пара, которая тоже ехала в Томск. Все ещё раз поели, немного поговорили и решили ложиться спать. Игорь вышел в коридор, пока бабушка и пара устраивались. Молодые люди легли на верхние полки, а бабушка – на нижнюю. Игорь быстро помылся, пожаловался проводнице, что туалет грязный, поговорил минут пять в коридоре с солдатом, который ехал в Новосибирск на свадьбу старшей сестры, и тоже лёг спать.

СЛОВАРЬ

полустанок	small country station	целлюлоза	cellulose
старушка	old woman	угощать / угостить	to offer
лет семидесяти	about 70 years old		(someone something)
корзинка	basket	солёный	salted
с тремя	with three	засыпать / заснуть	to go to sleep
	(instrumental of три)	сигнал	signal
пакет	packet	ложиться / лечь	to lie down
вносить / внести	to carry in	устраиваться / устроиться	
растение	a plant		to get organised
теплица	greenhouse	полка	shelf, bunk
выращивать / вырастить	to grow (a plant etc.)	верхний	upper
яйцо	an egg	нижний	lower
компот	stewed fruit	мыться / по-	to wash
председатель совета	chairman of the board	грязный	dirty
целлюлозный	cellulose (adj.)	минут пять	about five minutes
химический	chemical	старший	elder

Вопро́сы к те́ксту
а. Как вы ду́маете, по́езд из Сама́ры в Томск идёт бы́стро?
б. Кто е́хал с И́горем в купе́?
в. Куда́ е́хала ба́бушка?
г. Почему́ И́горь не мог поговори́ть с дру́гом в Хаба́ровске?
д. Что ду́мала ба́бушка о рабо́те И́горя?
е. Куда́ е́хала молода́я па́ра?
ж. С кем ещё поговори́л И́горь?

Соста́вьте и разыгра́йте диало́ги
а. И́горь и ба́бушка в купе́.
б. И́горь и солда́т в коридо́ре.

Солёные грибы́

Помидо́р «Ро́зовый Гига́нт»

Переведи́те на ру́сский язы́к!
1. There are four bunks in the compartment.
2. The old lady was carrying a basket and three packets.
3. Why do you have plants in the packets?
4. "Pink Giant" is a very large tomato.
5. The old lady's son has a greenhouse.
6. Igor explained to the old lady why he was travelling to Tomsk.
7. The old lady did not want to sleep on the top bunk.
8. Igor's mobile phone was not working.
9. Igor and the soldier talked for a bit in the corridor.
10. Why are you going to Novosibirsk?

Translation hint:
5. Start the sentence with y plus the genitive.

| **ИНФОРМАЦИЯ** | **УРОК 7** |

Русская дача

26 Для жителей русских городов дача – это очень важное понятие. В крупных городах люди в основном живут в квартирах без сада или огорода. Поэтому все хотят иметь домик и землю за городом и ездить туда в выходные дни, особенно летом. Это и есть дача.

Дача может находиться далеко от города. Люди ездят на дачу на электричке, на автобусе или на машине. Очень часто в пятницу и в воскресенье бывают пробки на дорогах около крупных городов – люди едут на дачу или возвращаются домой.

На даче выращивают овощи, фрукты, ягоды и цветы. Очень сильна в России традиция хранить продукты своего огорода на зиму.

Раньше рабочие получали право на дачу через организации, где они работали. Были дачные кооперативы для учителей, для врачей, для строителей и т.д. Сегодня можно купить дачу на открытом рынке.

На даче может не быть электричества или водопровода. Часто туалет находится на улице. Дороги в дачных районах не всегда хорошего качества. Люди редко ездят на дачу зимой.

Как по-русски? - Find these words and phrases in the text. Change endings as necessary.

City inhabitants.
An important notion.
Without a vegetable garden.
Outside town.
Days off work.
Traffic jams on the roads.
(People) grow vegetables.
To preserve produce for the winter.

The right to a dacha.
The open market.
A water supply.
Outside.
Of good quality.

Упражнéние. Посмотри́те фотогрáфии на страни́це 31. Найди́те прáвильные пóдписи.

а. В пя́тницу вéчером. Доро́га на да́чу.
б. Маши́ны нет. Вéра Петро́вна с сы́ном éздят на да́чу на электри́чке, а от стáнции хо́дят пешкóм.
в. Áнна собирáет огурцы́.
г. Да́ча со стáрым забо́ром.
д. Я́годы – сморо́дина и мали́на.
е. Сергéй приéхал на но́вой Тойóте.
ж. Обéд на да́че.
з. Автóбус хóдит рéдко.

ЧИТАЙТЕ И ПИШИТЕ!   УРОК 8

У Игоря украли сумку

 Поезд прибыл в Томск по расписанию.
— Вовремя приехали, — пошутил Игорь с проводницей.
— А мы никогда не опаздываем, — строго ответила она.

Игорь чувствовал себя усталым: он всегда плохо спал в поезде.
В Томске у него не было ни родственников, ни знакомых, поэтому ему пришлось остановиться в гостинице. Перед отъездом он посмотрел в Интернете гостиницы в Томске и выбрал «Октябрьскую».
Он забронировал одноместный номер с видом на реку Томь.

Игорь взял такси и за двести рублей доехал до гостиницы. Там он зарегистрировался у администратора, показал документы, оплатил счёт и получил ключ и пропуск. Около лифта стояла пожилая дама с двумя огромными чемоданами. Дама постоянно нажимала на кнопку, но лифт не работал.
— Мужчина, лифт не работает, — сказала она Игорю сердитым голосом.
— Ага! Это наверное уборщицы держат двери. Я пешком пойду. Вам на какой этаж?
— На шестой.
— Мне тоже. Чемодан и сумку оставлю здесь.

Игорь стал подниматься по лестнице. На четвёртом этаже сидели уборщицы около открытого лифта.
— Девушки, в чём дело?
— Извините, молодой человек. Сейчас закроем.
— Я вам не молодой человек и по лестницам бегать не люблю!

Игорь спустился на первый этаж. Там ждала женщина с чемоданами. Рядом стоял чемодан Игоря, но его сумки не было.
— А где моя сумка?
— Её взяла ваша жена.
— Что? У меня нет жены! Куда она пошла?
— К выходу. Она сказала, что сейчас придёт.
Игорь побежал к выходу, но его «жена» исчезла. Вот беда! Что же делать?! Игорь подошёл к телефону и набрал 02.

СЛОВАРЬ

красть / у-	to steal	кнопка	button
прибывать / прибыть	to arrive (trains etc.)	сердитый	angry
(note the stress: поезд прибыл)		уборщица	cleaner
вовремя	on time	держать (imp.)	to hold
шутить / по-	to joke	спускаться / спуститься	to go down
строго	strictly	первый этаж	ground floor
ему пришлось	he had to	исчезать / исчезнуть	to disappear
бронировать / за-	to book	(past perfective: он исчез etc.)	
регистрироваться / за-	to register	беда	trouble
пожилой	elderly	набирать / набрать	to dial

Вопросы к тексту
а. Поезд опоздал в Томск?
б. Проводнице понравилась шутка Игоря?
в. Почему Игорь устал?
г. Почему Игорь остановился в гостинице?
д. Как вы думаете, почему он выбрал гостиницу «Октябрьская»

(смотрите страницу 34.)

е. Почему лифт не работал?
ж. Кто взял сумку Игоря?
з. Как вы думаете, зачем Игорь набрал 02?

Составьте и разыграйте диалог
а. Игорь звонит в полицию. Он объясняет, что случилось и просит полицию приехать как можно быстрее.

Томск. Железнодорожный вокзал в 1904-ом году и сегодня

Переведите на русский язык!
1. The train was not late.
2. The (female) conductor did not want to have a joke.
3. Igor decided to stay in a hotel.
4. The taxi to the hotel cost two hundred roubles.
5. An elderly lady was waiting by the lift.
6. Igor went to find out why the lift was not working.
7. Igor doesn't like running.
8. When he came down to the ground floor his bag was not there.
9. The elderly lady said that Igor's wife had taken the bag.
10. Igor doesn't have a wife.

Translation hint:
4. Remember that такси is neuter.

ИНФОРМАЦИЯ УРОК 8

₂₈ **Гостиница «Октябрьская» в Томске**

Гостиница «Октябрьская» – одна из лучших трёхзвёздочных гостиниц Томска. Она находится в деловом, культурном и историческом центре города, но в то же время в стороне от интенсивного транспортного потока. С верхних этажей открывается великолепная панорама города Томска с храмами и памятниками архитектуры. С другой стороны окна гостиницы выходят на реку Томь и бескрайние сибирские просторы.

В семиэтажном здании вас ждут сорок восемь номеров разных категорий: «люкс», двухместный и одноместный стандартный.
В номерах удобная мебель европейского качества, кабельное телевидение, прямая городская и международная связь, Интернет, холодильник, в ванной комнате – фен.

К услугам гостей уютное кафе и банкетный зал, индивидуальный сейф и парковка, бизнес-центр и конференц-зал на двадцать человек, парикмахерская и сауна. Внимательный персонал поможет вам вызвать такси или заказать экскурсию по городу.

₂₉ **Гостиница «Империал» в Томске**

Дорогие гости города Томска! Добро пожаловать в гостиницу «Империал»!

Гостиница расположена на тихой улице вдали от городского шума. Это прекрасное место для отдыха и торжественных событий в вашей жизни. Деловым людям понравится спокойная атмосфера и удобные залы для проведения различных встреч и переговоров.

В нашей мини-гостинице семь комфортабельных номеров различной категории: люкс, полулюкс и VIP. В каждом номере красивая дорогая мебель, кондиционер, телефон и холодильник. В трёх номерах есть джакузи.

В ресторане гостиницы есть банкетный и обеденные залы. Дворцовый стиль их интерьера поможет создать праздничную и торжественную атмосферу. Повар высшей категории предложит вам эксклюзивные блюда русской, кавказской и европейской кухни.

К услугам наших гостей сауна, бассейн, джакузи, косметический и общий массаж. Для любителей поиграть в бильярд в гостинице имеется бильярдный зал с удобной кожаной мебелью.

Дополнительные услуги: конференц-зал, тёплый гараж, прачечная. Оплатить услуги гостиницы можно как наличными, так и кредитными картами.

Зада́ния
1. **Кака́я фотогра́фия отно́сится к како́й гости́нице?**
2. **Сравни́те две гости́ницы и скажи́те:**
   а. Кака́я гости́ница бо́льше, кака́я ме́ньше?
   б. Кака́я из двух гости́ниц бо́лее но́вая/ста́рая?
   в. Интерье́р како́й гости́ницы бо́лее совреме́нный?
   г. Кака́я гости́ница располо́жена бли́же/да́льше от це́нтра го́рода?
   д. Кака́я гости́ница, по-ва́шему, бо́лее дорога́я?
3. **Каку́ю гости́ницу вы порекоменду́ете:**
   а. тури́сту, кото́рый хо́чет посмотре́ть музе́и и па́мятники го́рода?
   б. бизнесме́ну, кото́рому ну́жно встре́титься с небольшо́й гру́ппой но́вых делов́ых партнёров из Ара́вии и Кита́я?
   в. инжене́ру в командиро́вке? Ка́ждый день он до́лжен е́здить на заво́д, где рабо́тают его́ колле́ги.
   г. сва́дебной па́ре, кото́рая хо́чет провести́ бра́чную ночь в романти́чной гости́нице?
   д. организа́тору семина́ра для бизнесме́нов из десяти́ стран Евро́пы.

А где про́бка?
Ру́сские умыва́ются под прото́чной водо́й. Поэ́тому в традицио́нных ру́сских гости́ницах ча́сто нет про́бок для ра́ковин. Попро́буйте попроси́ть про́бку у дежу́рной, а лу́чше привези́те с собо́й в чемода́не!

Соста́вьте и разыгра́йте диало́г
Иностра́нец и дежу́рная в гости́нице. Иностра́нец про́сит про́бку для ра́ковины. Дежу́рная не понима́ет, почему́ иностра́нцу нужна́ про́бка. Она́ ду́мает, что он хо́чет постира́ть оде́жду. Она́ говори́т, что в гости́нице есть пра́чечная. Иностра́нец объясня́ет, что он хо́чет умы́ться и побри́ться. Дежу́рная не понима́ет пробле́му и говори́т, что про́бок нет!

ЧИТАЙТЕ И ПИШИТЕ!   УРОК 9

Игорь и полицейский

🎧 30 Полиция приехала довольно быстро. Уже через полчаса молодой офицер с рыжими волосами задавал Игорю вопросы.

Игорь описал сумку. Это была довольно большая кожаная сумка, чёрного цвета с ярлыком «Авиа Томск». В сумке был лэптоп, мышь и зарядное устройство. Там также были рубашка, брюки и кроссовки, которые Игорь купил позавчера в ЦУМе в Самаре, и две пары носков. Там ещё были две книги, автомобильный журнал, книжка с кроссвордами и, конечно, контракт с фирмой в Самаре о перевозке грузов.

К счастью, Игорь всегда держал паспорт, деньги и мобильник в кармане. Потом он, правда, вспомнил, что зарядное устройство для мобильника тоже было в сумке.

На вопросы полицейского о том, как выглядит его жена и как её имя и отчество, Игорь рассердился.
– Товарищ офицер, вы не поняли: у меня нет жены. Какая-то дама вошла, сказала этой гражданке, что она моя жена, взяла мою сумку и убежала.
– Гммм. А как она выглядит?
– Товарищ офицер, я не знаю, как она выглядит. Если бы я её видел, она бы сумку не взяла. Вам надо поговорить с этой гражданкой.

Пожилая женщина сказала, что воровка была блондинка, потом передумала, и сказала, что, скорее, брюнетка или, может быть, рыжая. На ней была жёлтая куртка или, может быть, красная. Она была невысокого роста. У неё не было особых примет.

Администратор тоже не могла помочь. Она никого не видела.

Полицейский записал личные данные Игоря. Игорь поблагодарил его и пошёл в номер. Он понял, что не увидит больше свою любимую сумку. Уже было поздно, и ресторан был закрыт. Игорь купил в баре бутерброд с сыром, пошёл в номер и лёг спать.

СЛОВАРЬ

рыжий	ginger (of hair only)	куртка	jacket
кожаный	leather (adj.)	особая примета	
мышь (f.)	mouse		particular (distinguishing) feature
зарядное устройство	charger		
карман	pocket		
сердиться / рас-	to be / get angry		
гражданка	citizen (f.)		
воровка	thief (f.)		

Вопро́сы к те́ксту
а. Че́рез ско́лько мину́т прие́хала поли́ция?
б. И́горь потеря́л па́спорт и де́ньги?
в. Почему́ И́горь рассерди́лся?
г. Пожила́я же́нщина хорошо́ описа́ла во́ра?
д. Администра́тор гости́ницы ви́дела во́ра?
е. Где И́горь поу́жинал?

Соста́вьте и разыгра́йте диало́ги
а. Полице́йский и И́горь.
б. Полице́йский и пожила́я же́нщина.
в. Полице́йский и администра́тор гости́ницы.

Переведи́те на ру́сский язы́к!
1. The policeman had ginger hair.
2. He asked Igor a lot of questions.
3. Igor had a lot of things in his bag.
4. He was glad that his passport and money were in his pocket.
5. The policeman did not understand that Igor did not have a wife.
6. Igor did not know what the woman looks like because he had not seen her.
7. The elderly lady had seen the (female) thief, but could not remember what she looks like.
8. The hotel administrator had seen no one.
9. Igor gave the policeman his personal details and thanked him.
10. Do you think he will sleep well tonight?

Translation hints:
3. "his" should be left out. We know the bag is his!
9. Here "his" could refer to someone else. Use свой so that it is unambiguous.

ИНФОРМАЦИЯ   УРОК 9

Булат Юнусов - инспектор ГИБДД

🎧 31 Меня зовут Булат Юнусов, я работаю инспектором ГИБДД в городе Казань. ГИБДД – это Государственная Инспекция Безопасности Дорожного Движения. До 1998-го года Инспекция называлась ГАИ, Государственная Автомобильная Инспекция. ГИБДД – одна из структур Министерства Внутренних Дел России (МВД).

Мне двадцать пять лет, я мечтал работать в полиции с детства. Тогда она называлась милицией, и образ милиционера в советское время считался очень романтичным. В марте 2011-го года в России провели реформу МВД и милицию переименовали в полицию.

Офице́р ГИБДД

Я учился в Казанской Юридической Академии, которую закончил с отличием четыре года назад, и после окончания учёбы получил работу в ГИБДД. Я работаю уже четыре года. Мои обязанности – следить за соблюдением дисциплины среди сотрудников Инспекции.

Мой рабочий день начинается в восемь тридцать утра и до половины первого я просматриваю информацию, проверяю сообщения, опрашиваю заявителей, свидетелей и сотрудников ГИБДД, составляю протоколы и, если дело серьёзное, передаю его высшим органам. После обеда, с двух до шести я продолжаю делать ту же работу, что и до обеда.

Я провожу весь день в офисе за рабочим столом с документами. А для моей профессии ещё очень важно быть в хорошей физической форме. Поэтому три раза в неделю я обязательно посещаю спортзал.

Существует мнение, что уровень коррупции в полиции в России очень высокий. Коррупция есть, но мы бо́ремся с ней. Тех, кто берёт взятки, мы сразу увольняем. Я с оптимизмом смотрю на будущее нашей службы.

Как по-русски?
Find these words and phrases in the text. Change endings as necessary

An inspector.
A structure.
To dream (of doing something).
The image of a policeman.
A reform.
To rename.

With a distinction.
The observance of discipline.
Until half past twelve.
To question witnesses.
Higher bodies.
Good physical condition.

The level of corruption.
We are fighting.
Bribes.
We dismiss.
The future of our service.

Вопро́сы к те́ксту
а. Отку́да Була́т Юну́сов?
б. Каки́м был о́браз милиционе́ра в сове́тское вре́мя?
в. Как называ́ется мили́ция сего́дня?
г. Була́т контроли́рует у́личное движе́ние?
д. Ско́лько вре́мени у Була́та на обе́д?
е. Почему́ он посеща́ет спортза́л?
ж. Как отно́сится Була́т к бу́дущему ГИБДД?

Зада́ния
а. Ду́маете ли вы, что Була́т Юну́сов хоро́ший полице́йский?
б. Почему́ вы так ду́маете?

Здра́вствуйте, господи́н офице́р!
Éсли вы ведёте маши́ну в Росси́и и вас остана́вливает офице́р ГИБДД, то он до́лжен поздоро́ваться с ва́ми, приложи́ть ру́ку к головно́му убо́ру, назва́ть своё зва́ние и фами́лию, пото́м сказа́ть, почему́ он вас останови́л. Полице́йский до́лжен носи́ть фо́рму и име́ть удостовере́ние. Попроси́те показа́ть вам удостовере́ние. Запиши́те фами́лию и но́мер удостовере́ния полице́йского. Держи́те себя́ споко́йно и уве́ренно, не торопи́тесь.

Слова́рь
вести́ маши́ну	to be driving a car	зва́ние	rank
приложи́ть ру́ку к головно́й убо́р	to touch (here as in a casual salute) headgear (fur hat in winter, cap in summer)	фо́рма удостовере́ние торопи́ться (imp.)	uniform identity paper to hurry

Соста́вьте и разыгра́йте диало́г!
Води́тель маши́ны и полице́йский
Полице́йский остана́вливает маши́ну, здоро́вается с води́телем (иностра́нцем) и называ́ет своё зва́ние и фами́лию (наприме́р, ста́рший лейтена́нт Серге́ев / Серге́ева). Иностра́нец то́же здоро́вается. Полице́йский спра́шивает, отку́да иностра́нец и куда́ он е́дет, спра́шивает его́ фами́лию и и́мя и про́сит показа́ть докуме́нты на маши́ну. Иностра́нец про́сит посмотре́ть удостовере́ние полице́йского. Иностра́нец запи́сывает фами́лию и но́мер удостовере́ния полице́йского. Иностра́нец даёт полице́йскому докуме́нты на маши́ну и спра́шивает, почему́ он/она́ его́ останови́л/а. Полице́йский говори́т, что э́то обы́чная прове́рка докуме́нтов. Он/она́ проверя́ет докуме́нты, возвраща́ет их иностра́нцу и жела́ет ему́ «Счастли́вого пути́!»

Слова́рь
ста́рший	senior, elder	проверя́ть (imp.)	to check
прове́рка	a check	Счастли́вого пути́!	Have a good journey!

10 ноября́ в Росси́и отмеча́ется День Поли́ции!

ЧИТАЙТЕ И ПИШИТЕ! УРОК 10

Новая работа

Игорь не мог заснуть. Он думал о сумке и о контракте, который он потерял. Он вспомнил, что в сумке также была книжка, в которой он записал пароль для Интернета и пин кредитной карты. Надо позвонить в банк и всё заблокировать. Потом он вспомнил о мобильнике. Завтра надо будет купить новое зарядное устройство.

В два часа ночи в соседнем номере всё ещё смотрели футбол по телевизору. Было очень громко — играли Московский «Спартак» и «Локомотив». Когда счёт был 2 : 1 в пользу «Спартака», Игорь наконец заснул.

Встреча с председателем совета директоров целлюлозной компании была на следующий день. Утром Игорь посмотрел на себя в зеркало и подумал, что лучше бы туда не ходить. Но он пошёл и в десять часов сидел в кабинете председателя. Тот, кажется, уже решил взять Игоря на работу. «Наверное, других кандидатов не было», — подумал Игорь.

Председатель объяснил, что нужен человек, который сможет одновременно руководить промышленным процессом, заботиться о рабочих и поддерживать связь с местными журналистами. Игорь ответил, что будет нужен директор по маркетингу. Председатель согласился. Потом они быстро решили вопрос о зарплате, и Игорь подписал контракт на три года.

— Не потеряйте контракт! — пошутил председатель «Откуда он узнал о сумке?», — подумал Игорь.

Игорь вышел на улицу и пошёл купить зарядное устройство для мобильника. Надо будет позвонить сыну и Людмиле, а ещё надо будет позвонить другу в Хабаровск. Теперь Игорю не нужна подержанная машина. С такой зарплатой он сможет купить новый БМВ!

СЛОВАРЬ

пароль (m.)	password	рабочий	worker
пин	pin number	поддерживать (imp.)	to support
блокировать / за-	to block	связь (f.)	connection, contact
соседний	neighbouring, next	местный	local
громко	loud	подержанный	used, second hand
зеркало	mirror		
одновременно	at the same time		
руководить (+ instr.)	to supervise		
промышленный	industrial		
заботиться о	take care of		

Вопро́сы к те́ксту
а. Почему́ И́горь не мог засну́ть?
б. Почему́ ему́ на́до позвони́ть в банк?
в. Встре́ча с председа́телем была́ уда́чной?
г. Ско́лько вре́мени И́горь бу́дет рабо́тать в Байка́льске?
д. Как вы ду́маете, как председа́тель узна́л о поте́рянной су́мке?
е. Почему́ И́горю бо́льше не нужна́ япо́нская маши́на?

Соста́вьте и разыгра́йте диало́ги
а. Телефо́нный разгово́р И́горя с Людми́лой о но́вой рабо́те.
б. Телефо́нный разгово́р И́горя с Русла́ном.
в. Телефо́нный разгово́р И́горя с дру́гом в Хаба́ровске о но́вой рабо́те и о маши́не.

Переведи́те на ру́сский язы́к!
1. It is difficult to fall asleep when you are thinking about your problems.
2. The other guests were watching television.
3. The next day Igor will have an important meeting.
4. The chairman of the cellulose company was waiting in his office.
5. Perhaps there was only one candidate.
6. The chairman agreed that a director of marketing would be needed.
7. Who had told the chairman about the problem in the hotel?
8. Perhaps he has friends in the police.
9. Why does Igor need a charger for his mobile phone?
10. Why doesn't he need a second-hand car?

Translation hint:
1. "when you are thinking". Use the ты form of the verb.

ИНФОРМАЦИЯ   УРОК 10

Роза Насырова - тележурналист

🎧 33 Меня зовут Роза, я работаю журналистом на телевидении в городе Казань. Казань – столица республики Татарстан, крупный город на Волге.

Ро́за Насы́рова

Моё место работы – телекомпания ТНВ. Я редактор детских программ на русском и на тартарском языках. На нашем канале три детских программы: для самых маленьких, для школьников и для подростков. Каждая из этих программ выходит раз в неделю.

Я планирую каждый выпуск, даю задания корреспондентам, договариваюсь о видеосъемках, беру интервью у известных людей, а также пишу тексты для наших программ.

После того, как материал сняли, я отдаю кассеты режиссёру, который монтирует его на компьютере. Корреспондент записывает свой текст, я прошу звукорежиссёра подготовить музыку, и мы готовим программу к показу. Когда материал готов, я отдаю его шеф-редактору на проверку. Затем его показывают по телевизору.

Я получаю 30 тысяч рублей в месяц, это средняя зарплата жителя Казани. Я очень люблю свою работу, потому что мне нравится общаться, особенно с молодыми людьми.

У меня есть муж и маленькая дочка, Алиса. Всё свободное время я посвящаю семье. Может быть, в будущем Алиса станет редактором на телевидении! Я часто беру её к себе на работу.

Ро́за и Али́са

Летом мы сделаем интересную передачу для подростков. Мы будем снимать реалити-шоу! Съемки будут проходить в летнем лагере для юных экологов недалеко от Казани. Ребята будут изучать влияние химической промышленности города на окружающую среду и отредактируют свою программу по этой теме.

Я надеюсь, что благодаря этой работе наш город станет чище.

Зада́ния

а. Узна́йте, что тако́е ТНВ.
б. Ду́маете ли вы, что Ро́за Насы́рова хоро́ший журнали́ст? Почему́ вы так ду́маете?
в. Соста́вьте рекла́му для програ́ммы, кото́рую Ро́за сде́лает ле́том.

Как по-русски?
Find these phrases in the text. Change endings if necessary.
Three children's programmes.
For teenagers.
Once a week.
Interviews.
We prepare the programme for broadcasting.
Average salary.
I devote my spare time to my family.
Young ecologists.
The chemical industry of the city.
The environment.
They will edit their own programme.
Our city will become cleaner.

Политический журналист в России
Работа политического журналиста в России часто связана с высоким риском. За последние годы были убиты несколько известных журналистов, в том числе Анна Политковская и Владислав Листьев, которые боролись с коррупцией.
Их убийства до сих пор (2012) остаются нераскрытыми.

Банки в Российской Федерации
Сбербанк России – самый крупный банк на территории Российской Федерации. Он был основан в 1841-ом году императором Николаем I. Минимальный размер вклада тогда составлял 50 копеек, а максимальный – 300 рублей.

34

Сейчас Сбербанк является главным кредитором Российской экономики.
К концу 2010-го года 48% всех сбережений граждан России лежали в Сбербанке.

В России также есть другие российские и иностранные банки, такие как Юникредит банк, Ситибанк, Дойче банк и другие.

Банковские карточки становятся всё более популярными в России. Однако в повседневной жизни люди всё ещё широко пользуются наличными деньгами. Люди не имеют чековых книжек. Если вы хотите послать деньги кому-нибудь в России, можно пойти на почту и оформить денежный перевод.

РУССКО-АНГЛИЙСКИЙ СЛОВАРЬ

This is a list of words from the Ruslan 2 Reader that are not in the dictionary in the Ruslan 2 Course Book. By this stage, however, learners should be using their own pocket or online dictionary, and you will probably need one for the English to Russian translation exercises in this book. Where verbs are in their aspect pairs, the imperfective is given first. Where words have several meanings, the meaning used in this book is given.

автодорога	major road
автомобильный	automobile (adj.)
административный	administrative
Азербайджан	Azerbaijan
акция	action (by government etc.)
антивирус	antivirus
антисемит	anti-Semite
Аравия	Arabia
артрит	arthritis
архитектурный	architectural
астма	asthma
банкетный	banqueting (adj.)
банковский	bank (adj.)
баня	bathhouse
беда	trouble, misfortune
беседа	conversation, interview
бескрайний	boundless
бильярд	billiards
благодаря (+ dat.)	thanks to, owing to
бледность (f.)	paleness
ближе к (+ dat.)	closer to
блокировать / за-	to block, to stop
болельщик	fan (sport etc.)
больничный лист	sick note
большинство	majority
бороться	to fight
бояться	to be afraid of
брачный	marriage (adj.)
бренд	brand (of product)
бритоголовый	skinhead
бриться / по-	to shave (oneself)
бронировать / за-	to book
бронхит	bronchitis
брюки	trousers
будущее	the future
вакансия	vacancy
вариться	to be cooking
введён	introduced
вдова	widow
великолепный	magnificent, splendid
верхний	upper
вес	weight
вести машину (imp.)	to be driving a car
ветчина	ham
взятка	a bribe
видеосъёмка	film shoot
вклад	deposit, investment
внимательный	attentive, thoughtful
внутренний	inner
вносить / внести	to carry in
вовремя	on time
водопровод	water supply
возможный	possible
воровка	female thief
воспитывать (imp.)	to bring up, to educate
вперёд	forwards, in advance
вредно	harmful
всевозможный	every possible
всего	only, in all
всё-таки	all the same
вспоминать / вспомнить	to remember
встречать / встретить	to meet (someone)
вызвать такси (perf.)	to call a taxi
выполнять / выполнить	to perform (a role)
выращивать / вырастить	to grow (a plant, etc.)
высший	top, higher
галерея	gallery
гастарбайтер	migrant worker
гастроном	food store
гетеросексуальный	heterosexual
гимн	hymn
головной убор	headgear
головокружение	dizziness, vertigo
гомофобия	homophobia
гомосексуализм	homosexuality
гомосексуальность (f.)	homosexuality (see note page 7)
гомосексуальный	homosexual
гордиться	to be proud of
городской	city (adj.)
гостеприимный	hospitable
готовый	ready
гражданка	citizen (f.)
гражданский	civil
громко	loudly
груз	a cargo
грузовик	lorry
грузовой	cargo (adj.)
группировка	grouping
грязный	dirty
дачный	dacha (adj.)
дворцовый	like a palace
двоюродный брат	cousin (m.)
двухкомнатный	two-room (adj.)
деловой	business (adj.)
денежный	financial
держать (imp.)	to hold, to keep
детство	childhood
деятель (m.)	activist, official
джакузи	jacuzzi
диабет	diabetes
диагноз	diagnosis
диагностический	diagnostic
дисциплина	discipline
Добро пожаловать!	Welcome!
договариваться / договориться	to agree
домик	small house
дополнительный	additional, extra

44

доставка	delivery	киевляне	citizens of Kiev
доступный	affordable, achievable	книжка	booklet
		кнопка	button
Евросоюз	European Union	кожаный	leather (adj.)
ежедневно	every day, daily	колокольчик	a little bell
		компот	stewed fruit
желать / по-	to wish	консультировать (imp.)	to consult
жертва	victim	контракт	contract
журналистика	journalism	конференц-зал	conference hall
жетон	a token	копейка	kopeck
		корзинка	a small basket
забирать / забрать	to collect	корреспондент	a correspondent
забор	a fence, garden wall	коррупция	corruption
заботиться о (imp.)	to take care of, to look after	косметический	cosmetic
		красть / украсть	to steal
заведующий	head, leader	кредитор	creditor, lender
загорать (imp.)	to sunbathe	кризис	crisis
задание	task, assignment	кроссворд	crossword
заключить (perf.)	to secure	кроссовки	track shoes
запрещать (imp.)	to prohibit	крупнейший	very large
заражаться / заразиться		крыло́	a wing
	to be infected	кры́лья	wings
зарядное устройство	charger	крытый	covered
засыпать / заснуть	to fall asleep	крыша	roof
заявитель (m.)	applicant	кукурузные хлопья	cornflakes
звание	rank	куртка	jacket
звезда	a star	ксенофоб	xenophobe
звонок	a phone call	кстати	in fact, by the way
звукорежиссёр	sound producer		
зеркало	a mirror	лагерь (m.)	camp
значительно	significantly	лазерный	laser (adj.)
зонт	umbrella	лежать	to lie, be located
зуд	an itch	летний	summer (adj.)
		лечебное средство	remedy
из-за (+ gen.)	because of	ложиться / лечь спать	to go to bed
имейл	email	лозунг	slogan
император	emperor	личный	personal
индивидуальный	individual, separate	любитель (m.)	person who likes smth.
иномарка	foreign car	любоваться / по-	to admire
инспектор	inspector	люкс	luxury
инспекция	inspection		
институт	institution	малина	raspberry
инсульт	stroke (medic.)	массаж	massage
интенсивный	intensive	медленный	slow
интервью	interview	мероприятие	action, function
интерьер	interior	местный	local
инфекция	infection	мигрант	migrant
ипохондрик	hypochondriac	мигрень (f.)	migraine
исключение	exception	минимальный	minimum (adj.)
использовать (imp.)	to use	министерство	ministry
исполнение	performance	Министерство Внутренних Дел (МВД)	
испортить (perf.)	to ruin		Ministry of Internal Affairs
исчезать / исчезнуть	to disappear	младше	younger (adv.)
		мобильный	mobile phone
кабельный	cable (adj.)	модель (f.)	model (of car)
кавказский	from the Caucasus	модернизация	modernisation
казанский	of Kazan	мусор	litter, rubbish
камера хранения	left luggage office	мыться / по-	to wash (oneself)
кампания	campaign	мышечный	muscle (adj.)
категория	category	мышь (f.)	mouse
кашель (m.)	cough	мясной	meat (adj.)
капитальный ремонт	major renovation		
капуста	cabbage	набирать / набрать	to dial (a number)
карман	pocket	надёжный	reliable

45

нанотехнология	nanotechnology
наличные (деньги)	cash
нападение	attack
напасть на	to attack
на пять	with five (top marks)
национальность (f.)	nationality
недовольный	dissatisfied, displeased
нелегко	not easy
немыслимо	unthinkable
нераскрытый	unsolved
несмотря на	despite
нетерпение	impatience
нижний	lower
обеденный	dinner (adj.)
обещать / по-	to promise
оборудование	equipment
обстановка	situation
общаться / по-	to communicate, socialise
общий	general
объём	volume
объявлять / объявить	to announce, to declare
(он) обязан	(he) must
обязанность (f.)	responsibility
обязательно	without fail
огурец	cucumber
одновременно	at the same time
озноб	fever
окончание	ending, finishing (school)
окончить	to finish (school)
окружающая среда	the environment
опрашивать (imp.)	to question (someone)
оптимизм	optimism
опыт	experience
орган	organ (part of body or of an organisation)
организатор	organiser
ориентация	orientation
особая примета	distinctive feature
особенно	especially
оставаться / остаться	to remain
оставлять / оставить	to leave (smth. behind)
останавливать / остановить	to stop (somebody or something)
отёк	swelling
отказываться / отказаться	to refuse
отличаться от (imp.)	to differ from
отличие	distinction
отмечаться	to be celebrated
относиться к (imp.)	to refer to / to treat, regard
отношение	attitude
отредактировать (perf.)	to edit
отрицательный	negative
панорама	panorama
пара	pair, couple
парикмахерская	hairdressing salon
пароль (m.)	password
парковаться (imp.)	to park a car
партийный	party (adj.)
партнёр	partner
педиатр	paediatrician
педиатрический	paediatric
пенсия	pension
первым делом	first of all
перевод	translation, transfer
переводить / перевести	to translate, interpret
перевозка	transportation
передавать (imp.)	to pass on
передача	transmission, broadcast
переехать (perf.)	to move house
переименовать (perf.)	to rename
перекрёсток	crossroads
пин	pin number
пища	food
по (+acc.)	until
повар	cook, chef
повседневный	everyday (adj.)
подготовить (perf.)	to prepare
поддерживать (imp.)	to support
поддержка	support
подержанный	used, second hand
подобный	similar
подпись (f.)	caption; signature
подросток	a youth
подсесть к (perf.)	to sit down next to
подписаться (perf.)	to subscribe
подписывать / подписать	to sign
позавчера	the day before yesterday
поздравлять / поздравить	to congratulate
позже	later
пожилой	elderly
покой	peace and quiet
покраснение	redness
покрытие	coverage
полка	shelf, bunk
полночь (f.)	midnight
положение	status, position
полустанок	small country station
польский	Polish
понос	diarrhoea
понятие	notion
по-прежнему	as before
популяризировать (imp.)	to popularise
популярный	popular
посвящать / посвятить	to dedicate
посещать / посетить	to visit, attend
поток	a flow
почта	post, post office
почти	almost, nearly
появляться / появиться	to appear
правило	a rule
право	a right
праздничный	festive, celebratory
практически	practically
прачечная	laundry room
предлагать / предложить	to offer, to suggest
предпочитать / предпочесть	to prefer
председатель (m.)	chairman

представи́тель (m.)	representative
представлять / представить	to represent, exhibit
преступление	a crime
претендовать на (imp.)	to apply for
прибывать / прибыть	to arrive (trains etc.)
прибыль (f.)	profit
привезти (perf.)	to bring
привыкать / привыкнуть	to get used to
приезд	arrival
придумать (perf.)	to think up, imagine
приложить руку к (perf.)	to touch
(ему) приходилось	(he) needed to
(ему) пришлось	(he) had to
признание	admission
про (+ acc.)	about
пробка	traffic jam; plug
провайдер	provider
проведение	organisation of, holding of (event etc.)
проверка	a check, check-up
проверять / проверить	to check
проводить / провести	to carry out, to spend (time)
проводиться (imp.)	to take place
продолжать (imp.)	to continue
проживать (imp.)	to reside
производить (imp.)	to produce
происхождение	origin, background
просматривать (imp.)	to look through, to review
промышленность (f.)	industry
промышленный	industrial
простор	wilderness
пространство	space
простуда	a cold
просыпаться / проснуться	to wake up
противник	opponent
протокол	protocol
проточная вода	running water
профилактика	prophylaxis prevention of
прощаться / по-	to say goodbye
проявлять (imp.)	to demonstrate, to show
прямой	straight, direct
психиатрический	psychiatric
птичий	bird (adj.)
путешествовать (imp.)	to travel
рабочий	a worker
развод	divorce
разыграть (perf.)	to play out, perform
рай	paradise
районный	district (adj.)
раковина	a sink
раса	race
расист	a racist
расположенный	situated
растение	a plant
рвота	vomiting
реалити-шоу	reality show
регистрировать / за-	to register
рекламный	promotional
респираторно-вирусный	respiratory viral
реформа	reform
речь (f.)	speech
речь идёт о ...	this is about ...
риск	risk
ровно	exactly
Роскомнадзор	Communications Inspectorate
руководитель (m.)	head, director
руководить (imp.)	to lead, direct
рыбный	fish (adj.)
рыжий	ginger (of hair)
саратовский	from Saratov (adj.)
сбербанк	savings bank
сбережения	savings
свадебный	wedding (adj.)
свет	a light
свидетель (m.)	witness
связь (f.)	connection, link
седан	saloon car
сейф	safe
семейство	family
сердечный приступ	heart attack
сердиться / рас-	to be angry / to get angry
сердитый	angry, cross
сигарный	cigar (adj.)
сигнал	signal
сильный	strong, severe (of illness)
сильная слабость	acute weakness
синяк	bruise, bruising
скамейка	bench
скинхед	skinhead
славиться	to be famous for
сложный	complicated
смешно	funny (adv.)
смс	text message
смеяться / за-	to laugh
смородина	currants
СНГ	CIS (Commonwealth of Independent States)
снять фильм (perf.)	to shoot a film
соблюдение	observance
событие	event
совет	advice, board, union
советовать / по-	to advise
солёный	salted
соловей	nightingale
сороковой	the fortieth
соседка	neighbour (f.)
соседний	neighbouring
составлять / составить	to put together, to constitute
состоять из (imp.)	to consist of
сотовый	cell (adj.)
сотрудник	member of staff
сотрудничество	cooperation
союз	union, alliance
спам	spam
спокойно	calmly

спортзал	sports hall	уровень (m.)	level
спускаться / спуститься	to go down	уставать / устать	to be/ get tired
сравнить (perf.)	to compare	устраиваться / устроиться	to settle down
среди (+ gen.)	among	участвовать в (imp.)	to take part in
ставить / по-	to put, to install		
стартовать (imp.)	to start	фасад	facade
старушка	old woman	фен	hair dryer
старший	elder, senior	физическая форма	physical fitness
стеклянный	glass (adj.)	финансовый	financial
стесняться (imp.)	to be shy	фотографировать / с-	to photograph
стирать / по-	to wash (clothes)	форма	uniform
стихотворение	poem		
сторона	side	холод	the cold
страдать / по-	to suffer	хранить / со-	to keep, to preserve
строго	strictly	хэтчбек	hatchback
строительный	building (adj.)	химический	chemical
структура	structure		
субкультура	subculture	целлюлоза	cellulose
субсидия	subsidy	целлюлозный	cellulose (adj.)
судебный	judicial	целовать / по-	to kiss
судебный процесс	court trial	цель (f.)	aim
сустав	joint	цивилизация	civilisation
Счастливого пути!	Have a good journey!		
существовать (imp.)	to exist	чековая книжка	cheque book
съёмка	filming	честь (f.)	honour
сыпь (f.)	a rash	чешский	Czech
		чистый	clean
		чище	cleaner
Таджикистан	Tadjikistan		
таким образом	in that way	шаг	step
талантливый	talented	шеф-редактор	chief editor
татарский	Tartar (adj.)	шоу-бизнес	show business
татуировка	tattoo	шум	noise
телекомпания	television company	шутить / по-	to joke
тем не менее	nevertheless		
тема	topic, theme	эколог	ecologist
тень (f.)	shade	экологический	ecological
теплица	greenhouse	экономический	economic
терпеть / по-	to put up with	эксклюзивный	exclusive
технология	technology	экстримистский	extremist (adj.)
тишина	quietness		
торговый	trading (adj.)	юный	young, juvenile
торжественный	ceremonial, festive	юридический	law (adj.),
торопиться / по-	to hurry, to bustle		
традиционный	traditional	яйцо	egg
транспортный	transport (adj.)	ямщик	coachman
тратить / ис-	to spend, to waste	яркий	bright
трёхзвёздночный	three star (adj.)	японец	a Japanese
убийство	murder, killing		
уборщица	cleaner		
уверенно	confidently		
увольнять / уволить	to dismiss		
угощать / угостить	to treat, to offer someone something		
удушье	shortness of breath		
удостоверение	identity paper		
Узбекистан	Uzbekistan		
указ	decree		
украшать / украсить	to decorate		
украшение	ornament		
улучшить (perf.)	to improve		
умываться / умыться	to wash (oneself)		
универсал	estate car		